FACULTÉ DE DROIT DE PARIS.

THÈSE

POUR LA LICENCE.

L'acte public sur les matières ci-après sera soutenu le Mercredi 25 Août 1847, à 7 heures.

Par Louis-Charles FAUVEL,

Né à Paris.

Président, M. DEMANTE, Professeur.

Suffragants :
MM. DU CAURROY,
OUDOT,
COLMET D'AAGE,
} Professeurs.
DURANTON, Suppléant.

Le candidat répondra en outre aux questions qui lui seront faites
sur les autres matières de l'enseignement.

PARIS.

IMPRIMERIE ET LITHOGRAPHIE MAULDE ET RENOU,
RUE BAILLEUL, 9-11, PRÈS DU LOUVRE.

1847.

A la mémoire de mon Père, à la mémoire de ma Mère!

A la mémoire de ma Soeur!

A MON FRÈRE.

A M. S. HAUTIN.

Témoignage de Reconnaissance et d'Amitié.

JUS ROMANUM.

DE SOLUTIONIBUS ET LIBERATIONIBUS.

(Dig. lib. 46, tit. III.)

Obligationes ipso jure dissolvuntur, aut exceptionis ope inutiles fiunt.

In hac dissertatione non tractabimus de omnibus modis tollendarum obligationem, sed tantum de solutione, de imputatione, de rei debitæ interitu, denique de confusione.

DE SOLUTIONE.

Solutio vario sensu accipitur : lato sensu, pertinet ad omnem liberationem quoquo modo factam magisque ad substantiam refertur, quam ad nummorum solutionem; hinc, liberationis verbam eamdem vim habet quam solutionis. Stricto sensu, est realis præstatio ejus quod debetur. Strictiore sensu, de datione, velut nummorum intelligitur. Et largissime accepto : solutionis verbo, satisfactionem quoque omnem accipiendam placet. Solvere dicimus eum qui fecit quod facere promisit.

DE LIBERATIONE IN GENERE.

Liberatio est obligationis resolutio quocumque modo fiat; obligationis, inquam personalis; et hæc obligatio, sive naturalis sit, sive civilis.

Nihil tam naturale est quam eo genere quidquid dissolvere quo colligatum est, ait ulpianus. Ideo verborum obligatio verbis tollitur; nudi consensus obligatio, contrario consensu dissolvitur.

Consonat quod ait Gaïus : omnia quæ jure contrahuntur, contrario jure pereunt. Idcirco : obligatio qua re contrahitur, resoluta erit ; quod est in mutuo, commodato; contracta verbis, verbis dissoluta erit, veluti acceptilatione, litteris, per expensilationem; consensu tandem, sicut emptio, vel locatio, dissensu contrario dissolvi potest, dùm res integræ sint.

At si non jus, sed effectum spectemus quævis obligatio per pactum de non petendo eliditur scilicet per exceptionem perpetuam, quam hoc pactum parit. Hactenùs de obligationibus civilibus. At naturalis obligatio, ut pecuniæ numeratione, ita justo pacto, vel jurejurando, ipso jure tollitur, quod vinculum æquitatis, quo solo sustinebatur, conventione æquitate dissolvitur. Ideòque fidejussor quem pupillus dedit ex istis causis liberari dicitur.

Apocha magis continet solutionis probationem quem per se liberationem parit. Quum autem ex pluribus causis debetur, ejus tantum debiti solutio per apocham probatur, quod apocha exprimitur : ad alias autem apocha non porrigitur. Effectus liberationis est quod in omnibus speciebus liberationum etiam accessiones liberantur ; puta, ad promissores, hypothecæ, pignora : præter quam quod inter creditorem et ad promissores, confusione facta, reus non liberatur.

DE SOLUTIONE STRICTE ET PROPRIE SUMPTA.

Videndum 1° quæ requirantur ut solutio sit efficax; 2° de effectu solutionis.

Solutio sine causa consistere non potest. Ideo ante omnia oportet ut subsit debitum aliquod, saltem naturaliter. Ad efficaciam solutionis plures extant conditiones quæ singulatim exponentur.

Quis solvere possit. Is qui solvit jus alienandi habere debet, enim solutio non perfecta est nisi creditori dominium rei solutæ transfere potest. Igitur pupillum sine tutoris auctoritate nec solvere posse palam est : sed si dederit nummos, non fient accipientis, vindicarique poterunt, nisi is cui soluti sunt, eos consumptione, bonæ fidei acquirit ; in hoc casu convalescere potest solutio. Pecunia mala fide accepta vel consumpta datur actio ad exhibendum. Eâdem ratione, cum servus solvit, irrita est solutio; nisi ex peculio suo, permissâ administratione peculii, aliquid solverit, aut dominus ratihabitione, quidem vel tacitâ, validam solutionem fecerit. Reus vero criminis postulatus, quamvis in fraudem fisci alienare prohibeatur efficaciter solvere potest : non enim in fraudem alienat qui solvit quod debet.

Non solum potest solvere ipse debitor, sed etiam ejus mandatus, vel qui procurator omnium rerum suarum constituitur. Nam qui mandat solvi ipse videtur solvere. Quinimo, solvere pro ignorante et invito debitore cuique licet, quum sit jure civili constitutum licere etiam ignorantis invitique meliorem conditionem facere. Sed si factum personale in obligationem deductum sit, non poterit alius quam debitor principalis solvere quia inter artifices longa differentia est, et ingenii et naturæ et doctrinæ. Creditor etiam propriis manibus sibimetipsi solvere videtur, si pignus quod detinet vendideret et ejus pretium perceperit.

Qui suo nomine solvit et non debitoris nomine, non liberat debitorem, etiamsi solvat quod non debet solutionem semper oportet debitoris nomine fieri.

Cui solvi possit. Debitori qui habet facultatem suas res administrandi et alienandi, rectè solvitur ; hinc pupillo, furioso, prodigo aut adolescenti habenti curatorem non solvitur rectè, nisi tutoris auctoritas vel curatoris concensus accesserunt. Si eâ solutione locupletiores facti sunt, dicitur rectissimè ex solutione solventi exceptio contingere ; enim dolum facerit, qui vellet detrimento alterius locupletari. Non plena securitate fruebatur qui pupillo cum auctoritate tutoris solverat, nam si pupillus consumpserit nummos acceptos, aut furto, vel vi, amiserit adversus istam solutionem in integrum a proetore restitui potest. Ei vero cui non simpliciter, sed duntaxat in fraudem alienare prohibetur, rectè solvitur : hinc reo criminis postulato interim nihil prohibet rectè pecuniam a debitoribus solvi. Alioquin plerique innocentium necessario sumptu egebunt.

Item tutori vel curatori creditoris sibi non sufficientis, vel per ætatem, vel per aliam causam justam rectè solvitur, nisi interdicta eis fuerit a proetore administratio, vel suspecti, remoti sint. Debitor solvendo ei qui pro tutore negotia gerit, liberatur, si pecunia in rem pupilli pervenit. Quod jussu alterius solvitur, pro eo est quasi ipsi solutum esset, hinc pro curatori vero rectè solvitur. Coeterum nil refert cujus conditionis fuerit, is cui creditor solvi voluit, liber an servus, vel minor; dummodò.

Dummodò a creditore mandatum acceperit.

Non solum valet solutio facta ei cui ipse creditor solvi voluit, sed et illa quæ facta est ei cui solvi voluit is qui pro creditore poterat accipere, puta, tutor aut curator.

Non solvitur tuto ei qui tantum ad litem constitutus est lite judicatâ, mandatum finitur, ad hoc tantum datus fuerat; Negotiorum gestori qui mandatum non habet, non quidem rectè solvitur quod debetur domino negotii ; et non liberabitur debitor, nam debitor qui debuit inquirere de mandato est in culpâ falso procuratori solvere. Erit solutio valida si creditor approbat solutionem, subsequente ratihabitione.

Attamen cum mandatum finitum est morte creditoris vel a creditore revocatum, pro curatori solvi non potest; at si debitor ignorans mandatum finitum vel revocatum solverit, benè solvit, quia mandatum revocatum devinare non potest, et huic simile est quod placuit, si debitores manumisso dispensatore Titii, per ignorantiam liberto, solverint liberari eos. Si nullo mandato intercedente debitor falso existimaverit, voluntate creditoris pecuniam se numerare non liberabitnr.

Filiofamilias aut servo id quod ex peculiari causa credidit solvi potest. Imò, quamvis, absint hæ conditiones solventis bonâ fide convalescere aliquandò solutionem æquius visum est. Hinc : quamvis manumissus sit servus et debitor scierit manumissum, liberatus erit, si tamen ignoraverit ademptum ei peculium. Is cui cum servo, filiovefamilias, quem patremfamilias credebat contraxit eique solvit, liberabitur, hoc ita obtinet, si publicè pro patrefamilias habebatur. Aliud in herede qui legatum quod ipsi relictum est, solvit. Is enim liberatur quomodocumque bonâ fide existimaverit eum patrem familias. Solvendo quisque pro alio, licet invito et ignorante, liberat eum ; quod autem alicui debetur, alius sine voluntate ejus non potest jure exigere Enim alienam conditionem post meliorem quidem etiam ignorantis et inviti facere, deteriorem non posse. Igitur : filiusfamilias patre invito debitorem ejus liberare non potest. Adquirere enim obligationem potest, diminuere non potest. Item de servis.

De adjectis solutionis gratiâ. Interdum tamen et non procuratori rectè solvitur, ut puta : cujus stipulationi nomen insertum est. Si quis stipuletur sibi aut Titio. Solutio facta adjecto solutionis est valida, quia talis fuit lex obligationis. Adjectus solutionis gratiâ, is est qui in contractu adjicitur ad hoc duntaxat ut ei solvi possit. Nec refertur ad stipulationem, si adjectus pupillus, servus filiusfamilias sit. Non potest autem solutionis gratiâ adjectus videri, is qui obligationis ei acquirendæ animo in stipulatione comprehensus est quam vis inutiliter. Factum tantum solutionis in personam adjecti confertur nec petere, nec novare, nec ferre acceptum potest ; non creditor non est.

Eis solutio facta liberat debitorem, hinc, qui ità stipulatur sibi aut patri suo rectè stipulatur, si patris persona adjiciatur, quum ei stipulatio acquiri non possit, videlicet ex causâ peculii castrensis agitur. Quum enim filius non potuerit in hoc casu stipulari suo patri consequens est nomen patris in stipulatione adjectum fuisse duntaxat solutionis gratiâ. Adjici solutionis gratiâ quis potest non solum ut ipsi solvi possit illud idem quod in obligationem deductum est, sed etiam eâ lege ut diversa quantitas, imò ut plane benigne admittitur. Nam, stricto jure : quum mihi aut Titio stipulor, dicitur aliam quidem rem in personam meam, aliam in Titii designari non posse ; Veluti : mihi decem aut Titio hominem. Quemadmodùm diversæ res, aut quantitates in personis creditoris et adjecti designari possunt, ita diversa etiam solutionis loca designari possunt. Tempora vera diversa designari possunt in persona stipulatoris. Et imò citerior dies in adjecti conferri potest. Deniquè mihi pure, aut Titio sub conditione stipulari possum. Et vice versâ, sed tunc inutilis erit, stipulatio tota, nisi in meâ personâ conditio existerit.

Facultas solvendi adjecto personam ejus non egreditur ; sequitur hanc facultatem cessare, si capite minuatur, desinit enim esse eadem persona.

Attamen si furiosi vel pupilli, persona adjecta sit, tutori vel curatori pecunia rectè dabitur.

Solutio ei cui non oportuerat facta, convalescit certis casibus. Ita si non vero procuratori solvam, ratum habeat dominus quod solutum est, liberatio contingit ; rati enim habitio, mandato comparatur.

Puta ad huc, quum solutum in rem creditoris versum est. Nota solutionem ratihabitione ita convalescere, ut ab initio efficax fuisse retro intelligatur.

Quid debeat ubi et quandò. Solvendum est quod debetur itaque regulariter creditor non potest cogi accipere partem. Minus solvit, qui tardiùs solvit, nam tempore minus solvit. Solidum non solvitur non minus quantitate quam die. At si quis offerat totum quod ab ipso exigi potest, licet prœtereà quid naturaliter debeat, creditor tenetur accipere ; enim vero non potest videri minus solvisse is in quem amplioris summæ actio non competit. Aliud pro alio solvi non potest, nisi quidem in contrahendo, aut posteà, pactum inter venerit, et antè litem contestatam eâ facultate usum sit. Debitor tum ipso jure liberabitur. In uno casu, hanc dationem in solutum, sine voluntate creditoris permisit Justinianus. Promissor rei genere puta : servi non villissimum potest dare, sed solvere hominem quem si velit stipulator, possit ad libertam perducere. Quum species debetur, talis solvi debet qualis est, modo culpâ factóve non sit corrupta ; quum autem genus debetur, non distinguitur a quo res corrupta sit.

Ut solutio liberationem pariat ei qui dare aliquid obligatus est, oportet rem ita præstari, ut fiat accipientis, enim vero non videntur data, quæ eo tempore quo dantur accipientis non fiunt.

Solutio quidem rei alienæ non valet, cæterum convalescit, si creditor dominium rei quod solutio ei non tribuerat, per usucapionem fuerit consecutus; hinc is qui alienum hominem in solutum dedit, usucapto, homine liberatur. Convalescit etiam solutio pecuniæ quum bonâ fide consumpta est.

Alicui solvere rem suam non potest; id si quidem quod meum est amplius meum non potest. Non fieri videtur res perfecti, fieri accipientis nec recte solvi, si fiat quidem ejus, sed ita ut in aliquem casum ei advocanda sit. Nam quod evincitur in bonis non est. Sed et quum creditor ipse sibi solvit, non valet solutio, si res pecuniave quæ insolutum cessit, possit ipsi avocari, fidejussores non liberantur; sed si in ea causa non erat, sed ex nova et potest solutionem superveniente causa fuerit evicta; solutio quæ perfecta fuit non infirmatur.

Cùm dari certo loco, promissum est, invito stipulatore nullo alio loco solvi potest. Quod si nullus locus ad solutionem assignatus fuerit; distinguendum est: Si res debita est corpus certum, ibi præstari debet, ubi tempore stipulationis erat; si genus, ubi obligatio contracta est. Si pure obligatio contracta fuerit, statim solvi potest, sub certa die, quum venerit dies. Si sub conditione, quum conditio exstiterit. Sed et si, quod certa die promissum est, statim solvi potest, quia totum medium tempus ad solvendum liberum intelligitur promissori relinqui, nisi tamen creditoris interesse appareat. Ad perfectionem solutionis requiri, ut si qua cautio, circa rem quæ solvitur, præstari debeat, ea præstetur. Si res tradita fuerit quæ debebatur, quandiù aliquid juri, rei deest adhuc, tamen ipsa res petenda est. Ut puta, possum fundum petere, licet mihi traditus sit, si jus quodam cautionis supererit.

De effectu solutionis. — Solutionis effectus est ut liberationem obligationis pariat et quidem totius, si totum quod debitur solvatur, vel pro parte, si pars volenti creditoris, solvatur. Interdum partis solutio obligationem in solidum tollit; scilicet, si multiplicata fuerit. Ut puta, si quis duos homines promiserit, et Stichum solverit, poterit ejusdem Stichi dominum postea consecutus dando liberari. Interdum contra, partis solutione, nec pro parte obligatio tollitur, hoc ita se habet in obligatione generis; ut puta; qui hominem debet, partem Stichi dando, nihilominus hominem debere non desinit: Denique homo adhuc ab eo peti potest. Sed si debitor reliquam partem Stichi solverit, vel per actorem steterit, quominus accipiat, liberatur. Idem obtinet in obligatione alternativa id, que etiam quum ex hujus modi obligatione aut plures debent, aut pluribus debetur. In numerationibus aliquando evenit, ut una numeratione duæ obligationes tollantur uno momento; veluti si quis pignus pro debito vendiderit creditori: Enim evenit ut ex vendito tollatur obligatio, et debiti. Item quum jussu meo id quod mihi debes, solvis creditori meo, et tu a me, et ego a creditore meo liberor. Interdùm tamen solutio quam quis suo nomine facit, non liberat eos qui idem ex alia causa debent; scilicet quum creditor actiones suas adversus illos, ei qui solvit præstare tenetur. Evenit etiam, ut unâ liberatione et obligationem pariat. Puta, item si ususfructus pecuniæ numeratæ legatus fuerit, evenit ut una numeratione et liberetur heres ex testamento, et obliget sibi legatarium ad reddendam finito usufructu pecuniam.

DE IMPUTATIONE.

In protestate ejus, qui ex pluribus contractibus pecuniam debet, tempore solutionis exprimere in quam causam reddat. Quoties verŏ, non dicimus in quod solutum sit, in arbitrio ex accipientis cui potius debito acceptum ferat. Dummodò in id constituat solutum, in quod ipse (si deberet) esset soluturus, quoque debito se oneratus esset si deberet. Attamen etiam si creditor dixerit se accipere ex universo credito, non licebit imputare in id quod natura tantem debebatur. Quod si forte a neutro dictum sit, in his quidem nominibus, quæ diem vel conditionem habuerunt, id videtur solutum, cujus dies venit.

In his verò quæ præsenti die debentur, constat quoties indistinctè quid solvetur ingraviorem causam videri solutum. Igitur causa gravior videtur quæ et sub satisdatione debetur, quam ea quæ pura est. Item si quid ex famosâ causâ et non famosâ debeatur, id videbitur solutum quod ex famosâ causâ debetur. Pro indè si quid ex causâ judicati et non judicati debetur. Ergo, si ex causâ quæ inficiatione crescit, vel pænali, dicendam est id solutum videri quod pænæ habet liberationem quod hypothecâ vel pignore debetur: Denique quod suo nomine potius quam alio nomine, veluti fidejussoris debetur.

Si autem debitorum, nulla causa prægravet, id est si omnia similia fuerint, in antiquiorem.

Antiquius autem debitum intelligitur, quod priore loco contractum est: ex pluribus autem eâdem die contractis, illud antiquius cujus dies prius venit.

Si par et dierum et contractum causa sit, ex omnibus summis, pro portione videri solutione.

Si neuter debitoris creditorisve voluntatem suam expressit, prius in usuras id quod solvitur, deinde in sortem accepto feretur. Licet in unam causam expresse debitor solverit, si ex hâc causâ minus debebat quam quod solvit, in reliquas causas imputabitur : Similique ratione si plus usurarum nomine solvit, quam eo nomine deberet, hoc plus in sortem imputabitur.

Quum is qui ex pluribus causis creditor est, in unam causam pignus accepit, in eam causam pretium redacti pignoris imputat, quam vis sit levior, imò quam vis naturale debitum duntaxat contineret. Quum eodem tempore pignora duobus contractibus obligantur pretium eorum, pro modo pecuniæ cujusque contractus, creditor accepto facere debet : nec in arbitrio ejus electio erit, quum debitor pretium pignoris consortioni subjecerit. Quod si temporibus discretis superfluum pignorum obligari placuit : prius debitum pretio pignorum jure solvitur, secundum superfluo compensabitur, quum ex eâdem causâ propter quam pignus datum, ant pactum est, sors et usuræ deberentur, quod creditor ex pignore percepit, prius in usuras debet imputari, quam in sortem.

DE REI INTERITU.

Obligatio extinguitur si res in obligationem deducta, in eam causam reciderit, ut in obligationem deduci non possit. Hinc : omnes debitores qui speciem ex causâ lucrativâ, debent, liberantur quum ea species ex lucrativâ ad creditores pervenisset. Maximè autem extinguitur obligatio, rei debitæ interitu ; igitur debitor corporis certi liberatur, si res debita, interierit, aut hominem commercio exempta sit; sed sub eâ conditione ut alteruter casus non evenerit culpâ suâ vel facto suo, nec potest moram, nisi oblatione emendata fuerit mora. Tantummodò perget deberi debitoris culpâ, aut post moram interita res, si apud creditorem non æquè perire potuisset; attamen nec fures ant prœdones illo complectitur limitatio. Cùm facto culpâ ve debitoris principalis re interitâ obligatio superstat, durant et actiones. At contrà si fidejussores obligatinom perpetuaverunt, reus principalis non tenebitur fidejussoribus enim non cavit ille; tunc in fide jussoribus creditor utilem habebit actionem. Quum reus moram facit et fidejussor tenetur. Quid autem in correis seu pluribus debitoribus æquè principaliter obligatis? Alterius mora aut factum alteri quoque nocet. Quod nunc suprà dictum est, non ad obligationem generis pertinet, nisi oblatione res debita determinata sit. Quum duæ plures vel res debentur obligatio non extinguitur quandiù una ex his superest. Si tamen creditor fuisset in mora accipiendi speciem alternative debitam, hujus speciei oblatæ interitu contingeret liberatio. Quamvis liberatio contingat ex rei debitæ interitu ; attamen in quibusdam casibus, si res reviviscit, resuscitabitur obligatio. Sedsi debitor, post moram, rem promissam offerendo moram purget, per exceptionem doli mali liberabitur.

DE CONFUSIONE.

Confusio est concursus duorum jurium oppositorum in eâdem personâ : et notandum est confusionem potius eximere personam ab obligatione quam obligationem tollere. Confusio plerumque non aliter fit quam per aditionem hereditatis : et hic duplici duntaxat casu contingere potest. 1° Quum debitor, creditori vel creditor debitori heres exstitit ; extinguitur utrumque jus pereuntque simul accessiones.

Quum creditor debitori heres fit pro eâ parte duntaxat ex quâ heres est extinguitur obligatio. 2° Quum reus principalis fidejussori heres exstitit aut vice versâ, aut idem utrique. Totiens verum est quotiens rei plenior promittendi obligatio invenitur et quidem tollitur fidejussoris obligatio. Si debitor propriam et personalem habuit defensionem ita, si minor vigenti quinque annis erat debitor.

Si ex pluribus correis stipulandi vel debendi unus alteri heres exstiterit, utraque obligatio substitit, nam quoties duæ sunt principales altera alteri potius adjicitur ad actionem quam confusionem parere. Quærendum opportet an confusio obligationis personalis perimat pignora quæ ipsi accedunt et ab Africano docetur : non perimere ; igitur : quam vis et fidejussoria causa non teneáris nihilominus tamen pignus obligatum manebit.

Effectus confusionis est ut persona in quâ fit confusio ab obligatione eximatur ; quâ sublata, omnes qui accesserunt obligationi hujus personæ liberantur, ita ut si non sint alii hujus obligationis rei, necesse sit corruere obligationem. Jure Justinianeo impedit confusionem hæres si inventorium perficiendum curavit.

DROIT FRANÇAIS.

Code civil, liv. 3, chap. 5, sect. 1, §§ 1, 2, 3 et 4, art. 1235-1264. — Sect. 5 et 6. Art. 1300-1303.

DU PAIEMENT.

I. DU PAIEMENT EN GÉNÉRAL.

Le premier mode d'extinction des obligations est le paiement.

Le mot paiement, pris dans le sens le plus large, désigne la prestation réelle de la chose due, ou bien encore : tout fait qui se rapporte à la complète exécution du contrat; soit que le paiement consiste dans la livraison de la chose, s'il s'agit d'une obligation de donner; soit qu'il consiste dans l'exécution ou l'abstention d'un fait, s'il s'agit d'une obligation de faire, ou de tout autre mode d'exécution.

Par l'exécution complète de l'obligation telle que les parties l'ont comprise au moment du contrat, la dette est éteinte et le débiteur dégagé des liens de son obligation.

Le mot paiement, dans le sens le plus étendu, est donc synonyme de libération. *Liberationis verbum eamdem vim quam solutionis.* (Loi 47, § de verb. signif.

Dans le sens restreint, il s'applique plus particulièrement à la prestation de sommes d'argent ou de denrées.

Tout paiement suppose une dette; il faut donc qu'une obligation existe, c'est-à-dire : un engagement réel qui réunisse, à la fois, toutes les conditions exigées par l'art. 1108, savoir : le consentement de la partie qui s'est obligée, la capacité de contracter, un objet certain qui forme la matière de l'engagement, et une cause licite dans l'obligation; si une de ces conditions manque, il n'existe pas de lien de droit entre les parties, aussi il n'a point été formé entre elles un véritable contrat, et dès-lors il n'y a pas entre elles d'obligation à éteindre.

Le paiement ne doit donc s'appliquer qu'à une obligation avouée par la loi et qui pourrait donner au créancier une action en justice, car sans cela le paiement ayant été fait sans un juste motif, sera lui-même considéré comme formant une obligation sans cause, et conséquemment il sera nul, et ce qui a été payé sujet à répétition (1235).

Cependant, une exception à ce principe est faite en faveur des obligations naturelles qui ont été librement acquittées. Elles ne sont pas considérées par la loi comme donnant droit à une action, mais elles sont suffisantes pour justifier une exception. Il ne s'agit point ici de ces obligations qui, dans la législation romaine, avaient été mises au nombre des obligations naturelles, parce que n'ayant, ni la qualité du contrat, ni la forme de la stipulation, elles étaient regardées comme de simples conventions dont une action civile ne pouvait naître. Ces conventions sont, dans notre législation, au rang des obligations civiles, et on ne regarde comme obligations purement naturelles que celles qui, par des motifs particuliers, sont considérées comme nulles par la loi civile.

La division des obligations en obligations civiles et en obligations naturelles, se rapporte à un ordre d'idées qui échappent nécessairement à l'appréciation de la loi; elle repose sur la distinction que l'on doit faire entre ce qui est du for extérieur et ce qui est du for intérieur.

Le for extérieur est ce qui tombe sous le domaine de la loi, mais le for intérieur lui échappe. Il ne reste plus alors qu'une appréciation incertaine, c'est-à-dire que chacun devient le propre juge de l'obligation qu'il a pu contracter aux yeux de la nature. il n'en doit pas compte à la loi, mais à sa conscience; et si, obéissant à cette voix intérieure, il a acquitté ce qu'il ne devait pas légalement, mais ce qu'il pouvait devoir consciencieusement, il a, en quelque sorte, exécuté un contrat de bienfaisance, qui reçoit alors la sanction de la loi. Sous ce rapport, les obligations naturelles peuvent prendre place dans la loi civile et tomber sous sa juridiction. Le juge est alors appelé à vérifier si la partie qui réclame contre la libération a dû être portée à cette exécution par un motif que les lois de la nature et de l'honneur, lui faisaient un devoir d'apprécier. En un mot, le juge a tout pouvoir pour déterminer, suivant les circonstances, ce qu'on doit entendre par obligation naturelle, non pas pour forcer à son exécution, mais au contraire pour refuser toute action en répétition contre ce qui a été volontairement payé en vertu d'un droit préexistant à la loi, et auquel la partie qui réclame s'est volontairement soumise.

Au reste, la loi a fait elle-même une application directe de ce principe, aux dettes de jeu et aux paris, qui constituent des obligations simplement naturelles, pour lesquelles la loi n'accorde aucune action; mais en refusant l'action, elle accorde l'exception (1967), à moins qu'il n'y ait eu de la part du gagnant dol, supercherie ou escroquerie; et en effet, quelle que soit l'obligation naturelle qui aura été exécutée, si cette exécution n'a pas été volontaire, elle ne peut être prise en considération pour justifier une fin de non-recevoir légale.

Nous avons à examiner, maintenant, par qui, à qui, comment, où, et quand le paiement doit être fait.

QUI PEUT PAYER ?

La première idée qui se présente, c'est que le paiement doit être fait par celui qui doit, ou par son fondé de pouvoir.

Le créancier ne peut refuser de recevoir du débiteur ou d'une personne qui a intérêt à ce que l'obligation soit éteinte, comme d'un codébiteur d'une caution. La loi règle les droits que ce paiement peut procurer au codébiteur et à la caution.

Mais un autre que le débiteur peut-il forcer le créancier à recevoir ?

Quoique le tiers qui offre le paiement n'ait pas un intérêt direct et civil à l'acquittement de l'obligation, le créancier ne pourra refuser de recevoir, puisqu'en dernière analyse, il n'a d'autre intérêt que celui d'être payé ; mais dans ce cas, le tiers ne peut forcer le créancier à le mettre à son lieu et place pour les priviléges, les hypothèques et la contrainte par corps. En payant, il n'acquiert alors qu'une action personnelle contre le débiteur, qui est entièrement libéré de l'obligation primitive (1236) ; aussi pour que l'extinction de la dette ait lieu, deux conditions sont requises : il faut 1° que le paiement soit fait au nom et en l'acquit du débiteur ; en d'autres termes, le tiers doit déclarer qu'il agit pour le débiteur et en vue de le libérer ; s'il payait en son nom propre, croyant être débiteur, la chose livrée pourrait être répétée ; 2° que celui qui fait le paiement ne soit pas subrogé aux droits du créancier ; s'il se fait subroger, l'obligation n'est pas éteinte, elle reste entière ; il y a seulement changement de créancier. Si le consentement à la subrogation a été refusé par le créancier au tiers qui a payé, et s'il a payé malgré le débiteur, la nature des circonstances, les caractères de l'opposition feront décider s'il peut intenter l'action de gestion d'affaires.

La règle, que le créancier ne peut refuser le paiement fait par un tiers sans intérêt, est rigoureusement vraie, mais il faut en excepter le cas où il ne résulterait du paiement fait par ce tiers, aucun avantage pour le débiteur, car il n'y aurait alors que changement de créancier ; et personne ne peut être tenu de vendre ce qui lui appartient.

Nous voyons, en matière commerciale, une exception à ce principe : un tiers qui paie, par intervention, une lettre de change ou un billet à ordre, soit en son nom, soit au nom du débiteur, peut forcer le créancier à recevoir son paiement, et il est légalement subrogé aux droits du porteur (158-159 Cod. de com.)

Tout ce que nous venons de dire s'applique aux obligations de donner ou de ne pas faire.

Quant à l'obligation de faire, elle ne peut être acquittée par un tiers contre le gré du créancier, lorsque ce dernier a intérêt qu'elle soit remplie par le débiteur lui-même (1237).

C'est surtout dans les contrats qui se rapportent à l'exécution de travaux manuels ou intellectuels que cette disposition a toute son importance. C'est ainsi que la caution elle-même ou toute autre partie intéressée ne serait pas recevable à exécuter la convention qui se résoudra nécessairement en dommages-intérêts, si la partie qui devait exécuter elle-même se refuse de remplir son engagement.

Deux conditions sont imposées par l'art. 1238 pour la validité du paiement. Il faut être propriétaire de la chose donnée en paiement et capable de l'aliéner.

Ces deux dispositions sont vivement critiquées.

Le législateur, encore peu familiarisé, sans doute, avec les principes nouvellement consacrés par lui, semble revenir aux principes du droit romain, où la propriété n'était transférée que par la tradition ; mais cependant il en est autrement dans notre droit ; car, aux termes de l'art. 711, la propriété des biens s'acquiert et se transmet par l'effet des obligations ; et l'obligation de livrer la chose étant parfaite par le seul consentement des parties contractantes, l'article 1138 rend le créancier propriétaire, et met la chose à ses risques, encore que la tradition n'en ait point été faite. Aussi, lorsqu'il s'agit d'un corps certain, la propriété est transférée avant la tradition par la convention. En recevant la chose, l'acquéreur reçoit ce qui lui appartient. Cette observation est encore plus frappante lorsqu'il s'agit d'un prêt, d'un dépôt, d'un louage. Dans ces divers cas, la condition d'être propriétaire ne peut être exigée de la part de celui qui restitue la chose. L'art. 1238 ne reçoit, sous ce rapport, d'application pleine et entière, que lorsqu'il s'agit de choses déterminées seulement par leur espèce, ou de choses dues sous une alternative, car alors la translation de la propriété ne s'effectue que par la tradition.

Quant à la capacité d'aliéner, le principe que le paiement n'est pas une aliénation, mais une simple exécution, doit suffire pour repousser l'action du débiteur incapable ; le créancier pourra même se défendre par exception en demandant à retenir la chose comme lui étant légitimement due. Au contraire, si une obligation que l'incapable avait intérêt à ne pas acquitter et contre laquelle il pouvait opposer certaines exceptions, telles que des moyens de nullité ou de rescision, ou la prescription, a été exécutée par lui, il n'est pas douteux qu'il pourra se faire restituer ce qu'il a payé, et ce, quand même il s'agirait d'une somme d'argent ou d'une chose que le créancier aurait reçue et consommée de bonne foi, sauf à remettre les choses au même état qu'auparavant.

Il semble aussi résulter des termes de l'art. 1238 que la restitution doit avoir lieu si la chose payée par le non propriétaire ou par celui qui est incapable, n'est point une somme d'argent ou une chose qui se consomme par l'usage, ou si cette chose n'a point été consommée ; mais il faut combiner cette disposition avec celle de l'art. 2279 qui porte : qu'en fait de meubles, la possession de bonne foi vaut titre, sauf certains cas exceptionnels où il est permis de revendiquer, savoir : lorsque les meubles ont été perdus ou volés, et encore sous les conditions exprimées, art. 2280. La chose perdue ou volée ne peut même être répétée si le créancier qui a reçu cette chose de bonne foi a supprimé son titre par suite du paiement. Toutefois, dans ces cas exceptionnels, si la chose payée est du nombre de celles qui se consomment par l'usage, la disposition doit recevoir son application, c'est-à-dire que la répétition n'est pas admise si le créancier a consommé de bonne foi. Les paiements faits par le failli ne sont pas valables. Sont nuls et sans effet, relativement à la masse, lorsqu'ils n'ont eu lieu que depuis la cessation du paiement ou dans les dix jours précédents, les paiements de toutes dettes non échues, civiles ou commerciales indistinctement ; les paiements des dettes, même échues, s'ils sont faits autrement qu'en espèces ou effets de commerce (art. 446 de la loi de 1838 sur les faillites). Sont annulables les autres paiements faits par le débiteur pour dettes échues après la cessation de ses paiements et avant le jugement déclaratif de faillite, si ceux qui ont reçu du débiteur ont eu connaissance de la cessation de ses paiements (art. 447 de la même loi).

A QUI DOIT-ON PAYER?

Le paiement doit être fait au créancier ou à son mandataire conventionnel, légal ou judiciaire, ou aux mandataires de ce dernier.

Le paiement fait à une personne qui n'a pas capacité ou qualité pour recevoir n'est pas valable. Cependant il peut être validé, 1° s'il a été fait de bonne foi ; 2° s'il est prouvé que le créancier, capable ou non, a profité du paiement; 3° si le créancier, capable de recevoir, a ratifié expressément ou tacitement le paiement fait au mandataire après la révocation du mandat.

Le paiement fait de bonne foi au possesseur de la créance, héritier apparent ou possesseur annal d'un fonds affermé, est valable, peu importe que le possesseur de la créance soit de bonne ou de mauvaise foi; il suffit que la bonne foi existe à l'égard du débiteur, encore bien que le possesseur ou l'héritier apparent soient évincés par la suite.

Tout créancier porteur d'un titre, ou en vertu de permission de juge, peut former une saisie-arrêt sur les sommes dues, ou sur les valeurs mobilières appartenant à son débiteur, entre les mains du débiteur de ce dernier. Dans ce cas, le paiement qui serait fait par le tiers saisi au préjudice des droits du saisissant, n'est pas valable à son égard; et ce tiers saisi peut être contraint par lui de payer de nouveau, sauf, en ce cas seulement, son recours contre le créancier.

QUE DOIT-ON PAYER? COMMENT DOIT-ON PAYER?

Du principe que les obligations légalement formées tiennent lieu de loi à ceux qui les ont faites, et qu'elles doivent être exécutées de bonne foi, et selon l'intention des contractants, il résulte : 1° que le paiement devra consister dans la livraison de la chose promise ; dans l'accomplissement ou dans l'abstention du fait qui a été l'objet de la convention ; 2° que le débiteur ne peut contraindre le créancier à recevoir une autre chose que celle qui lui est due, peu importe la valeur de la chose offerte ; 3° et que réciproquement, le créancier ne peut exiger une chose autre que celle qu'il a stipulée, car il y aurait modification de l'obligation, ce qui ne peut se faire que du consentement mutuel des parties, et alors il y a novation ou dation en paiement.

3

Comme conséquence du même principe, le débiteur ne peut forcer le créancier à recevoir en partie le paiement d'une dette même divisible.

Cependant il y a exception en matière de compensation (1290-91), car la compensation tient lieu de paiement. Aussi en faveur des héritiers du débiteur qui ne sont tenus que pour leur part et portion (1220), et en matière de commerce pour le paiement des lettres de change et des billets à ordre (156 Cod. de com.). Néanmoins la loi donne aux juges la faculté d'accorder en considération de la position du débiteur, et en usant de ce pouvoir avec réserve des délais modérés pour le paiement, et de surseoir l'exécution des poursuites, toutes choses demeurant en état (1244). Cependant, si les juges peuvent interposer leur autorité quant aux circonstances accessoires relatives à l'exécution, on voit, par les termes de l'art. 1244, combien ils doivent veiller à ne porter atteinte aux clauses essentielles qui constituent l'obligation elle-même. En accordant terme et délai, bien plus dans un intérêt d'humanité que de justice, le juge doit se garder de compromettre les droits du créancier en laissant à un débiteur de mauvaise foi le moyen de soustraire les gages qui peuvent répondre du paiement de la créance (122-124 Code de proc.).

L'obligation de livrer la chose étant parfaite par le seul consentement des parties contractantes (1138), le débiteur d'un corps certain et déterminé, est libéré par la remise de la chose en l'état où elle se trouve lors de la livraison, par application de la règle *res perit domino*. Ainsi, à partir du moment où la chose a dû être livrée, elle est au risque du nouveau propriétaire; c'est pour lui qu'elle s'accroît, qu'elle se détériore et qu'elle périt. Le possesseur de la chose, qui n'en est plus propriétaire, ne doit désormais répondre que de son fait personnel ou du fait des personnes dont il est responsable, d'après les principes des art. 1382 et suivants, à moins qu'il n'ait été mis en demeure.

La disposition finale de l'art. 1245 ne fait d'ailleurs qu'établir, relativement à la mise en demeure, la distinction résultant de l'art. 1138, qui prévoit le cas où le possesseur est en faute, parce qu'ayant été mis en demeure de livrer, et n'ayant pas opéré la livraison, il se trouve en retard d'exécuter; il doit donc être puni de sa négligence, et alors les détériorasont laissées à sa charge par suite de ce même principe qui, dans la même circonstance, déclare que la chose périt pour lui.

Mais si la dette est d'une chose déterminée seulement par son espèce, l'extinction de l'obligation doit avoir lieu par la livraison de la chose de l'espèce stipulée, et l'on répond parfaitement à l'intention des parties en décidant qu'elle sera de moyenne qualité, ni des meilleures ni des plus mauvaises (1246) ; car l'indétermination ne porte plus que sur la qualité de la chose (1022 et 1129).

Quant à la dette de numéraire, le débiteur devra payer la valeur numérique portée au contrat, dans les espèces ayant cours au jour du paiement, n'importe en quelles espèces il ait reçu la somme, et que ces espèces aient augmenté ou diminué de valeur.

OU LE PAIEMENT DOIT-IL ÊTRE FAIT ?

En règle générale, c'est aux parties qu'il appartient de prévoir dans le contrat comment l'obligation doit être exécutée en déterminant d'une manière formelle le lieu où s'opèrera le paiement; à cet égard la convention fait la loi des parties. Aussi l'art. 1247 ne désigne-t-il le lieu où doit s'effectuer le paiement que dans le cas où la convention garde le silence. En principe, si les parties n'ont rien prévu, le paiement doit toujours se faire au domicile du débiteur; car la convention doit s'interpréter plutôt en faveur du débiteur qu'en faveur du créancier, ce qui est fondé sur ce que tout est favorable à la libération, et que le créancier doit s'imputer de n'avoir pas stipulé le lieu du paiement. D'ailleurs c'est au créancier, qui demande l'exécution, de diriger son action suivant les règles de la procédure ; et comme il s'agit ici d'une action personnelle, le défendeur, aux termes de l'art. 59 du Code de procédure, doit être assigné devant le tribunal de son domicile.

Du reste c'est pour éviter les inconvénients que peuvent entraîner les divers changements de domicile du débiteur, qu'il est permis au créancier de stipuler que le paiement se fera à un domicile élu par le débiteur, ou même à son propre domicile de lui, créancier.

Quand la dette s'applique à un corps certain et déterminé, le paiement doit être fait dans le lieu où la chose était lors de la convention (1247). On considère que l'exécution se rattache nécessairement dans l'intention des parties, au lieu même qui était occupé par ce corps certain et déterminé, en sorte qu'il y a présomption légale qu'elles ont voulu désigner ce lieu, même comme un domicile élu, où elles ont entendu que le contrat recevrait son exécution. C'était donc à elles de manifester une volonté contraire, si, en effet, telle n'était pas leur intention.

Lorsqu'il s'agit d'une chose indéterminée, la délivrance se fait au domicile du débiteur (1162).

Quant aux frais que le paiement nécessite, ils sont à la charge du débiteur, qui doit mettre la chose à la disposition du créancier. Mais celui-ci supporte les frais de l'enlèvement et du transport, à moins de conventions contraires.

On ne doit comprendre sous les expressions frais de paiement, que les frais légitimement faits pour opérer le paiement lui-même, en y ajoutant ceux que la mauvaise volonté du débiteur a forcé le créancier à faire.

QUAND LE PAIEMENT DEVRA-T-IL AVOIR LIEU?

L'obligation pure et simple est exigible de suite. Le paiement devra avoir lieu immédiatement, si le créancier l'exige, à moins qu'il ne s'agisse d'une chose qui nécessite un certain temps pour être effectuée.

L'obligation à terme doit s'exécuter à l'époque convenue. Avant cette époque le paiement n'est point exigible, à moins que le débiteur n'ait diminué les sûretés données au créancier, auquel cas, il peut être déchu du bénéfice du terme (1188). Il a la faculté d'y renoncer toutes les fois que cette modalité n'est pas expressément introduite en faveur du créancier (1187). Néanmoins les paiements anticipés, toujours valables et produisant tout leur effet entre le débiteur et le créancier, sont quelquefois nuls et sans effet à l'égard des créanciers du créancier; par exemple lorsqu'ils sont faits au préjudice d'une opposition, ou bien par le sous-locataire au locataire principal, au préjudice des privilèges du propriétaire, quoique ce dernier n'ait encore mis aucune opposition aux mains du sous-locataire. L'obligation sous condition n'est point exigible avant l'arrivée de la condition.

II. DU PAIEMENT AVEC SUBROGATION.

L'effet du paiement est de dissoudre complètement l'obligation s'il est intégral, dans le cas contraire, il libère le débiteur dans la proportion de ce qui a été payé. Il produit l'extinction des accessoires; mais cette règle n'est pas absolue.

La subrogation est la substitution d'une chose à une autre chose, ou d'une personne à une autre personne.

Nous n'avons à nous occuper que de cette dernière. Elle peut être définie : Une fiction juridique par laquelle l'obligation, éteinte au moyen du paiement fait par un tiers, est regardée comme continuant d'exister à l'égard de celui-ci qui est supposé être mis aux lieu et place du créancier primitif. Elle suppose donc deux opérations : extinction d'une dette, création d'une dette nouvelle, entièrement semblable et garantie par les mêmes prérogatives.

La subrogation est conventionnelle ou légale.

La subrogation conventionnelle est faite ou par le créancier ou par le débiteur.

I. La subrogation faite par le créancier au profit d'un tiers, est le droit qu'il accorde à ce tiers de prendre sa place dans l'obligation, en sorte que ce dernier est réputé avoir contracté directement avec le débiteur.

Cette subrogation peut s'opérer par divers moyens, soit par une cession à titre gratuit ou onéreux, soit par délégation, soit par l'effet du paiement.

C'est de ce dernier mode, réglé par les articlee 1249 et 1252, que nous allons parler.

Pour que la subrogation conventionnelle consentie par le créancier produise son effet, il faut remplir toutes les conditions énumérées par le n° 1 de l'article 1260. Savoir : Le créancier doit, en recevant son paiement du tiers, le subroger expressément, en même temps que le paiement et par le même acte, dans ses actions, priviléges ou hypothèques contre le débiteur.

Il en résulte, que cette subrogation n'a d'importance que relativement à l'exercice des actions extraordinaires attachées à la créance : des priviléges et hypothèques; car s'il ne s'agissait que de l'existence même de la créance, ces formalités ne seraient plus nécessaires, puisque tout paiement fait sans cause légitime crée une obligation. La loi n'a voulu considérer ici la subrogation conventionnelle, que relativement aux priviléges attachés à la créance remboursée. *

Si ces formalités n'ont pas été remplies, le privilége est éteint, mais la créance n'en continue pas moins de subsister.

II. La subrogation effectuée par le débiteur, avec ou sans le concours de la volonté du créancier (art. 1250, n° 2), est soumise à des conditions rigoureusement exigées et qui ont pour but d'éviter la fraude en sauvegardant l'intérêt des créanciers. Il faut 1° : que l'emprunt et la quittance soient constatés par actes notariés; 2° que l'acte notarié qui constate l'emprunt indique la destination de la somme empruntée; 3° que la quittance exprime que c'est bien avec les deniers provenant de l'emprunt que la dette a été payée au créancier.

Le défaut d'accomplissement de ces formalités entraîne la nullité de la subrogation. Tout ce qui résulte du contrat nouveau, c'est que le débiteur a contracté une nouvelle dette qui, dans tous les cas, aurait fait novation à l'ancienne, et à laquelle il serait impossible de rattacher, par aucun lien de droit, les priviléges et hypothèques qui sont éteints.

Quant aux subrogations particulières dans certains droits, et notamment dans les effets de l'hypothèque légale de la femme, ou dans les effets de l'hypothèque d'un créancier quelconque, ces conventions sont considérées comme des cessions de leurs droits : à défaut de paiement, le créancier se trouvera mis aux lieu et place du cédant, et il agira contre le débiteur comme subrogé.

La subrogation conventionnelle, surtout celle qui est consentie par le créancier, a certains rapports avec la cession; cependant il existe entre elles de notables différences.

Dans la cession, il n'y a pas de nouvelle créance, c'est la même créance qui passe d'une personne à une autre. Le cessionnaire peut exiger le paiement total de la dette, lors même qu'il a donné une somme inférieure au montant de la créance, à moins que cette créance ne fût litigieuse (1699); le subrogé, au contraire, ne peut exiger du débiteur une somme supérieure à celle qu'il a donnée réellement au subrogeant ; car en payant il a agi dans l'intérêt du débiteur. En cas de concours entre le cessionnaire pour partie, et le cédant, ils viendront concurremment, tandis que le subrogeant sera préféré au subrogé partiel.

Dans la cession, la garantie est de droit ; dans la subrogation, pour qu'il y eut lieu à garantie, il faudrait qu'elle eût été stipulée. Enfin le cessionnaire n'est saisi, à l'égard du tiers, que par la signification du transport régulièrement faite au débiteur, ou par l'acceptation du transport, faite dans un acte authentique ou privé.

Dans la subrogation, le subrogé est saisi au moment du paiement, indépendamment de toute signification. La subrogation diffère de la novation sous plusieurs rapports : il faut d'abord distinguer la novation qui provient du changement de créancier, de celle qui provient du changement de débiteur.

La subrogation diffère de la novation qui provient du changement de créancier, en ce que, dans cette novation, le créancier ne peut être changé sans le consentement du débiteur, tandis que dans la subrogation le consentement de ce dernier n'est pas nécessaire. De plus, dans cette novation, il y a substitution d'une nouvelle dette à l'ancienne, tandis que dans la subrogation la dette aux yeux de la loi subsiste toujours ainsi que ses accessoires.

La subrogation diffère de la novation qui provient du changement de débiteur, en ce que dans cette novation le débiteur est libéré d'une manière absolue, sauf à indemniser celui qui a payé pour lui ; tandis que, dans la subrogation le débiteur est libéré seulement envers le premier créancier, et reste tenu envers celui qui a payé.

La subrogation n'est donc ni une cession ni une novation ; ajoutons qu'elle n'est pas une délégation. Il faut distinguer la délégation avec ou sans novation.

La subrogation diffère de la délégation avec novation, en ce que, dans cette délégation, il y a toujours consentement de la part du débiteur, puisque c'est lui qui indique qui paiera en sa place ; tandis que la subrogation peut avoir lieu sans le consentement du débiteur. De plus, il y aura dans cette délégation, changement de débiteur; tandis que dans la subrogation il n'y a jamais changement de débiteur; le débiteur reste toujours débiteur; le seul changement qui s'opère, c'est le changement de créancier.

La subrogation diffère de la délégation sans novation, en ce que, dans cette délégation, le créancier aura deux débiteurs au lieu d'un, tandis que dans la subrogation le créancier n'aura jamais qu'un débiteur.

La subrogation légale se réalise par la seule disposition de la loi. Elle est de droit étroit et ne peut être étendue aux cas non prévus (1251).

Elle est accordée ici dans quatre cas à ceux qui avaient intérêt d'acquitter la dette :

1° Au profit de celui qui, étant lui-même créancier, paie un créancier qui lui est préférable à raison de ses priviléges et hypothèques. Cette subrogation est fondée d'abord sur un motif d'ordre public, celui de prévenir les procès ou d'en abréger la durée, puis, sur l'intérêt du créancier qui paie, afin de diminuer le nombre des créanciers antérieurs et d'empêcher que ceux-ci ne fassent vendre l'immeuble en temps inopportun, ce qui pourrait rendre le prix insuffisant pour payer toutes les créances. En droit remain, il y avait un avantage de plus , c'était que le premier créancier hypothécaire ayant seul la faculté de poursuivre la vente , le second se trouvait ainsi subrogé dans ses droits. Il faut décider de même que le bénéfice de subrogation légale doit être accordé à tout créancier qui en rembourse un autre qui lui est préférable : ainsi les créanciers chyrographaires en payant les créanciers hypothécaires seront subrogés dans leurs droits. Et l'on décide même que ce bénéfice serait applicable au créancier qui rembourserait un autre créancier qui viendrait après lui dans l'ordre des priviléges et hypothèques.

2° Au profit de l'acquéreur d'un immeuble qui emploie le prix de son acquisition au paiement des créanciers auxquels cet héritage était hypothéqué.

L'ancienne jurisprudence accordait dans ce cas à l'acquéreur , le droit de subrogation, nonobstant le défaut de loi expresse ; le législateur en a fait l'objet d'une disposition spéciale pour mettre fin à la controverse qui existait avant le Code , bien que ce cas rentre dans l'application du n° 3 de l'article 1251 dont nous allons parler. Ainsi , un tiers-acquéreur peut , pour éviter les poursuites en délaissement , payer les créanciers hypothécaires , et il sera subrogé dans leurs droits. La loi présume , ce qui est en effet évident , qu'il n'a fait le paiement que pour conserver la possession de l'immeuble. Il est donc juste , s'il est forcé de l'abandonner, qu'il ne soit pas frustré de ce qu'il a payé, et que dans la distribution du prix de la revente il soit colloqué au rang qu'auraient occupé les créanciers qu'il représente.

S'il n'était pas subrogé, les créanciers non payés viendraient en premier ordre, puisque les créanciers qui leur étaient préférables auraient été payés.

3° Au profit de celui qui , étant tenu avec d'autres ou pour d'autres, au paiement de la dette, avait intérêt à l'acquitter. On est tenu avec une personne au paiement d'une dette, non seulement quand on est obligé de payer pour elle ou solidairement avec elle, mais encore lorsque, sans qu'il y ait solidarité parfaite , on ne peut diviser le paiement ou payer séparément ; en un mot, quand la dette est indivisible. Ainsi , les codébiteurs solidaires , les cofidéjusseurs , les cohéritiers , les codébiteurs d'une obligation indivisible.

Le codébiteur solidaire qui paie pour ses codébiteurs tout ce qui est dû, est subrogé légalement au créancier : il ne pourra, toutefois, répéter contre chacun d'eux que leur part.

Mais à quoi donc servira cette subrogation légale? A ce que s'il y avait un droit d'hypothèque, de gage on d'antichrèse en faveur du créancier, le codébiteur solidaire qui aura payé puisse jouir de ce droit. De même du cofidéjusseur qui aura payé toute la dette.

Le cohéritier, tenu hypothécairement pour le tout, en payant une dette pour ses cohéritiers, sera subrogé légalement; mais le serait-il conventionnellement, il ne pourra poursuivre ses cohéritiers que pour leur part et portion (art. 875). En effet, en payant il a fait son affaire personnelle puisqu'il était tenu hypothécairement, et non celle de ses co-héritiers ; de plus, on évite ainsi un circuit d'action. Mais, si le paiement était fait par un débiteur, d'une obligation divisible pour ses codébiteurs, il n'y aurait pas de subrogation, car ce débiteur serait dans la même position qu'un tiers qui paie pour autrui sans avoir intérêt à l'acquittement de la dette.

On est tenu, pour d'autres, quand la dette que l'on a intérêt d'acquitter est personnelle à un tiers : ainsi le fidéjusseur à l'égard du débiteur, le certificateur à l'égard de la caution, le payeur par intervention, le donneur d'aval.

La caution n'aura de recours pour le tout, contre les débiteurs principaux, qu'autant que ceux-ci seront solidaires, ou que, s'ils ne le sont pas, la solidarité ait été stipulée pour son recours.

4° Au profit de l'héritier bénéficiaire qui a payé de ses deniers les dettes de la succession.

Cette disposition est équitable par un double motif : En effet, l'héritier, en payant de ses deniers les charges de la succession, a fait son affaire et celle des créanciers de cette succession : la sienne, car il a intérêt à payer les dettes avec ses deniers plutôt que de vendre les immeubles de la succession en temps inopportun, afin que ce qui restera après le paiement des dettes soit son bien ; et l'affaire des créanciers, en ce que si l'héritier paie ainsi, il en résultera que les immeubles pourront être vendus plus avantageusement, et ses créanciers auront l'assurance de recevoir tout ce qu'ils pouvaient raisonnablement espérer.

Le législateur, au commencement de l'art. 1252, décide en termes exprès ce que nous avons déjà appliqué plus haut, que la subrogation a lieu tant contre les cautions que contre les débiteurs ; et s'il l'exprime positivement, c'est qu'en droit romain il en était autrement ; la caution ne pouvait agir contre les autres cautions que lorsqu'elle s'était fait céder les actions du créancier. La loi établit ensuite un privilége en faveur du subrogeant, en décidant que le subrogeant, en cas de concours avec celui qu'il a subrogé partiellement dans ses droits, sera préféré : *nemo contra se subrogasse videtur*, privilége purement personnel ; en effet, si le subrogeant subrogeait une autre personne dans ses droits, cette personne viendrait simplement en concurrence avec le premier subrogé. Il n'en serait pas de même si le créancier faisait une cession du reste de ses droits, au lieu d'une subrogation, le cessionnaire pourrait exercer ce privilége purement personnel.

DE L'IMPUTATION DES PAIEMENTS.

L'imputation est l'application d'un paiement à l'une des obligations du débiteur ; c'est l'indication de celle que le paiement doit éteindre ou réduire; aussi il y a lieu à faire l'imputation de paiement lorsque le débiteur de plusieurs choses de même nature vient à se libérer de l'une d'elles.

L'imputation se fait par le débiteur, par le créancier, par la loi. Cependant la convention fera la loi des parties, et c'est seulement en l'absence d'une stipulation formelle qu'il s'agira de déterminer quelle obligation devra être considérée comme éteinte, quelle obligation devra être réputée subsistante.

En règle générale, l'imputation appartient au débiteur, mais si le créancier, par la convention, s'est lui-même réservé ce droit, cette stipulation doit produire tout son effet (1253).

Le débiteur ne peut déclarer l'imputation qu'à l'égard des dettes également échues ; quand le terme est en sa faveur, il peut imputer sur la dette non échue malgré le créancier, car il a le droit de renoncer au bénéfice du terme, mais il ne peut forcer le créancier à recevoir un paiement partiel.

Dans les obligations ayant pour cause une somme d'argent, le débiteur ne peut, sans le consentement du créancier, imputer le paiement qu'il fait sur le capital par préférence aux arrérages ou intérêts. Le paiement fait sur le capital et les intérêts, s'il n'est pas intégral, s'impute d'abord sur les intérêts (1254).

Si l'imputation se faisait d'abord sur le capital, cela préjudicierait au créancier, car le débiteur remplacerait une dette qui porterait intérêts par une autre dette qui n'en produirait pas. L'art. 1908 décide que la quittance du capital donné sans réserve des intérêts, fait présumer le paiement de ces intérêts, et en opère la libération. Si la somme payée excède ce qui est dû pour les intérêts, le surplus s'impute sur le capital.

Lorsque le débiteur n'aura pas fait l'imputation, le créancier aura le droit de la faire, mais dans la quittance même; toutefois celle qu'il ferait malgré le débiteur, serait nulle.

Si l'imputation a été faite dans la quittance par le créancier, sans protestation ni réserve de la part du débiteur, elle est irrévocable, car il s'est formé alors un contrat qui doit avoir tout son effet, et ce contrat résulte de l'acceptation tacite donnée par le débiteur à la convention qu'il a formellement ratifiée par cela seul qu'il a accepté la quittance. Ce nouveau contrat ne pourrait être lui-même attaqué que pour l'une des causes de rescision admise par la loi, et notamment pour cause de dol, de fraude ou de surprise (1116, 1255).

La loi dispose, avec les distinctions suivantes, que dans le silence des parties, le paiement sera imputé, savoir : sur la dette échue par préférence à celle dont le terme n'est pas arrivé, parmi les dettes échues, sur celle qui est la plus onéreuse, c'est-à-dire sur celle qui porte intérêts, plutôt que sur celle qui en est affranchie, sur celle qui entraîne contrainte par corps, sur celle garantie par une hypothèque, une caution, un gage. Si l'on ne peut les distinguer sous ce dernier rapport, ou si le débiteur n'a pas intérêt d'acquitter une dette plutôt qu'une autre, l'équité veut que l'on ait égard à l'intérêt du créancier et que l'imputation se fasse sur la plus ancienne. Enfin, si toutes sont absolument égales, le paiement doit être imputé sur toutes proportionnellement et toujours sur les intérêts de préférence aux capitaux (1256).

DES OFFRES DE PAIEMENT ET DE LA CONSIGNATION.

La libération du débiteur ne pouvait dépendre du créancier; aussi le législateur, toujours favorable à la libération, n'a-t-il pas voulu que le refus du créancier ou son impossibilité de recevoir la chose due, put préjudicier au débiteur qui veut se libérer. La loi indique donc un mode de libération équivalant au paiement; ce mode consiste dans les offres réelles suivies de consignation.

On entend par offres réelles la représentation effective au créancier des choses à lui dues, avec sommation de les recevoir. Le débiteur peut donc faire à son créancier des offres réelles et faute par le créancier de les accepter, consigner ou déposer la somme ou la chose offerte.

Les offres réelles, valablement faites, suivies d'une consignation régulière, libèrent le débiteur. Elles tiennent lieu de paiement à son égard, et la chose consignée demeure aux risques du créancier (1257). Néanmoins la consignation n'équivaut au paiement que lorsqu'elle a été retirée par le créancier ou bien quand elle a été déclarée bonne et valable avec les offres réelles, par un jugement passé en force de chose jugée, jusque-là le consignataire peut retirer sa consignation, et c'est pour cette raison que les offres réelles, même suivies de consignation, ne sont point suffisantes pour conférer un droit parfait contre celui qui les a faites, puisqu'il peut les rétracter tant qu'elles n'ont point été acceptées et retirer sa consignation, sauf le droit des opposants (1261, 1262).

Lorsque le débiteur retire sa consignation, ses codébiteurs ou ses cautions ne sont pas libérées (1261); mais lorsque les offres réelles ont été acceptées par le créancier, ou bien lorsqu'elles ont été validées avec la consignation par un jugement qui a acquis force de chose jugée, le débiteur ne peut plus, même du consentement du créancier, retirer sa consignation au préjudice de ses codébiteurs ou de ses cautions, car il y a eu libération (1262).

Enfin le créancier qui a consenti que le débiteur retirât sa consignation après acceptation ou jugement irrévocable n'a plus qu'une nouvelle créance ; les priviléges et hypothèques qui garantissaient la première sont éteints. (1263).

De ce que nous venons de dire il résulte, 1° que les offres réelles, refusées et non suivies de consignation, ne libèrent pas le débiteur ; 2° que les intérêts continuent à courir jusqu'au paiement effectif ou jusqu'à la consignation. (arg. des art. 1257 du Code civil, 814 et 816 du Code de procédure.) Toutefois cette dernière proposition est controversée.

Cependant les offres réelles sans consignation suffisent pour empêcher les peines conventionnelles ou les intérêts moratoires d'être encourus, parce qu'elles constituent le créancier en demeure de recevoir, et l'effet de la demeure est de mettre la chose aux risques de celui qui est constitué en demeure, de l'y laisser si elle y était deja, de le soumettre aux dommages-intérêts, de l'assujettir à indemniser l'autre partie de tout ce que la demeure lui fait perdre (1138).

Examinons maintenant ce qui est nécessaire pour la validité des offres, ensuite pour la validité de la consignation.

Les offres verbales qui ne consistent que dans la déclaration du débiteur qu'il est prêt à payer, sont insuffisantes, quelque expresses qu'elles soient, quand même elles seraient consignées par écrit et signifiées en forme; il faut des offres réelles, c'est-à-dire accompagnées de la représentation effective des deniers ou des autres choses qu'on doit.

L'art. 1258 exige, pour que les offres réelles soient valables, 1° qu'elles soient faites au créancier ayant la capacité de recevoir, ou à la personne qui a pouvoir de recevoir pour lui, mandataire conventionnel, légal ou judiciaire, ou bien à la personne indiquée par le contrat pour recevoir le paiement.

2° Qu'elles soient faites par une personne capable de payer; car celui qui n'est pas capable de payer n'est pas capable d'offrir.

3° Qu'elles soient de la totalité de la somme, exigible des arrérages ou intérêts dus, des frais liquidés et d'une somme pour les frais non liquidés sauf à parfaire;

4° Qu'elles soient faites à l'échéance du terme s'il a été stipulé en faveur du créancier.

5° Que la condition sous laquelle la dette a été contractée soit arrivée.

6° Que les offres soient faites au lieu dont on est convenu pour le paiement, et que s'il n'a pas de convention spéciale sur le lieu du paiement, qu'elles soient faites ou à la personne du créancier, ou à son domicile réel ou au domicile élu pour l'exécution de la convention.

7° Enfin qu'elles soient faites par un officier ministériel ayant caractère pour ces sortes d'actes.

Le procès-verbal, ordinairement dressé par un huissier, doit contenir la désignation des choses offertes, de manière que d'autres choses ne puissent être substituées, et si ce sont des espèces, il faut en déterminer le le nombre et la quantité, en outre faire mention de la réponse, c'est-à-dire du refus ou de l'acceptation du créancier, ainsi que du refus ou de la déclaration de ne pouvoir payer, enfin de l'adhésion ou du refus de signer. Copie du procès-verbal d'offres doit être laissée au créancier.

Le débiteur qui voudra obtenir sa libération devra, s'il s'agit d'une somme d'argent, en opérer la consignation dans le lieu désigné par la loi.

(Ordonnances relatives aux attributions de la caisse des consignations du 3 juillet 1816 et 19 janvier 1835).

La consignation est volontaire ou judiciaire. Volontaire, lorsqu'elle est faite par le débiteur, de son propre mouvement ; judiciaire, lorsqu'elle est ordonnée par justice ou par l'autorité administrative.

L'art, 1259 ne s'applique qu'au dépôt de numéraire. Pour que la consignation soit valable, il n'est pas nécessaire qu'elle soit autorisée par le juge; il suffit qu'elle ait été précédée d'une sommation au créancier, indiquant le jour, le lieu et l'heure où la somme offerte sera déposée ; que le débiteur se soit dessaisi de cette somme, en la remettant à la caisse des dépôts et consignations avec les intérêts, jusqu'au jour du dépôt; de plus, il doit être dressé procès-verbal, par l'huissier, constatant l'identité des espèces offertes avec celles consignées, le refus ou la non comparution du créancier. Enfin copie du procès-verbal doit lui être signifiée s'il fait défaut avec sommation de retirer la somme consignée (1259).

Les frais d'offres réelles sont à la charge du créancier lorsqu'il accepte quand la dette était payable au domicile du débiteur. Si le paiement devait se faire au domicile du créancier, les frais sont supportés par le débiteur; mais si les offres ont été consignées et jugées valables, les frais sont à la charge du créancier puisque c'est lui qui, par son refus, les a occasionnés (1260).

Si la chose due est déterminée dans son individualité, le débiteur doit faire sommation au créancier de l'enlever. Si le créancier ne l'enlève pas, le débiteur pourra se faire autoriser en justice à la déposer dans un autre lieu, s'il a besoin du lieu dans lequel elle est placée.

Si l'objet devait être livré dans un lieu différent de celui où il se trouve, le débiteur procèdera à la translation de l'objet au lieu indiqué pour la livraison, et après sommation faite au créancier d'enlever l'objet, le débiteur pourra, comme dans le cas précédent, faire ordonner en justice le dépôt de l'objet dans un lieu indiqué.

Enfin, si la chose due est indéterminée, le débiteur, en faisant sommation, désignera la chose qu'il doit livrer et procèdera pour le surplus comme il a été dit (1264). Dans tous ces cas la sommation régulière tient lieu d'offres réelles, les cas fortuits restent à la charge du créancier et le dépôt validé opère la libération du débiteur.

DE LA CONFUSION.

La confusion est en général la réunion ou le mélange de plusieurs choses qui en opère le changement ou l'anéantissement

Tel est le sens ordinaire que les jurisconsultes ont donné à ce mot confusion ; il a trois acceptions. Il peut signifier 1° le mélange de plusieurs matières appartenant à des personnes différentes. C'est une manière d'acquérir ou de perdre la propriété par droit d'accession.

2° La réunion dans la même main des différents droits que l'on peut avoir sur une chose et qui avaient été séparés comme lorsque l'usufruit se trouve réuni à la propriété ; c'est ce qu'on appelle consolidation. 3° Enfin le concours ou la réunion dans un même sujet de deux droits ou de deux qualités dont l'une anéantit l'autre, ou bien qui se détruisent mutuellement.

L'effet de la confusion est donc d'éteindre et d'anéantir de plein droit les droits et les obligations incompatibles, qui se trouvent réunis ou confondus dans la même personne.

Du principe que les droits et les obligations se divisent de plein droit, il en résulte pour ce qui est relatif à la confusion, quelle les étreints en totalité, si la totalité des droits et des obligations se trouve réunie dans la même personne, on seulement pour la portion qui s'y trouve réunie. Si le créancier ne succède au débiteur, ou le débiteur au créancier que pour une moitié, un tiers, un quart, etc., la confusion ne s'opère que dans la même proportion.

La réunion dans la même personne des droits du créancier et des obligations du débiteur peut s'opérer de diverses manière : 1° Lorsque le débiteur succède au créancier ou le créancier au débiteur, ou un tiers à tous les deux, l'obligation est éteinte pour la totalité et les cautions sont libérées, s'il est seul héritier, et pour sa portion virile s'il y a plusieurs héritiers.

Si la succession était acceptée sous bénéfice d'inventaire la confusion ne s'opérerait point, car l'effet du bénéfice d'inventaire est de considérer l'héritier et la succession comme deux personnes différentes et d'empêcher que leurs droits respectifs ne soient confondus.

La confusion peut être effacée par la séparation de patrimoine, par la révocation du titre d'héritier, pour cause d'indignité, par la restitution contre l'acceptation pure et simple, et par d'autres causes qui, faisant reparaître la distinction de personnes, rendent ainsi possible l'accomplissement de l'obligation. Et c'est pour raison de ces faits que l'on peut dire que la confusion n'éteint pas réellement la dette, mais quelle produit seulement une incompatibilité de qualités, de l'effet desquelles résulte la libération de la personne dans laquelle cette confusion s'opère. *Notandum est confusionem potius eximere personam ad obligatione quam obligationem tollere.*

2° Si le débiteur succède au fidéjusseur ou le fidéjusseur au débiteur ou un tiers à tous les deux, l'obligation accessoire du cautionnement est éteinte pour la totalité s'il est seul héritier ; pour sa part virile s'il y en a plusieurs, mais l'hypothèque pour sûreté du cautionnement continue de subsister en faveur du créancier ; il ne reste plus que l'obligation principale qui n'a pas besoin de l'obligation accessoire pour subsister.

Si le fidéjusseur qui avait cautionné deux débiteurs solidaires succède à l'un d'eux, il reste caution de l'autre, et de même dans le cas où il s'est rendu caution de deux créanciers solidaires, s'il succède à l'un d'eux, il demeure obligé envers l'autre.

La confusion qui s'opère dans la personne du débiteur principal et de sa caution lorsqu'ils deviennent héritiers l'un de l'autre, n'éteint pas l'action du créancier, contre celui qui s'est rendu caution de la caution (2035). Cette disposition tient à ce que l'obligation de cette dernière caution se rapporte toujours à l'exécution de la convention principale.

Si la dette ou la créance est commune à plusieurs, la confusion opérée dans la personne de l'un des créanciers ou de l'un des débiteurs n'éteint pas, en général, les droits et les obligations des autres. Ainsi, lorsque le créancier devient héritier de l'un des débiteurs solidaires, ou l'un des débiteurs solidaires héritier du créancier, les autres codébiteurs demeurent toujours obligés, mais sous la déduction de la part du défunt ou de celui dans la personne duquel s'est opérée la confusion.

Dans le cas ou l'un des débiteurs solidaires succède à l'un de ses codébiteurs, il n'y a pas confusion, mais ce codébiteur est tenu d'une double part dans la dette.

DE LA PERTE DE LA CHOSE DUE.

La propriété pouvant s'acquérir par le seul effet des obligations, celle de livrer un corps certain et déterminé, rend le créancier propriétaire et met la chose à ses risques, encore que la tradition n'en ai point été faite (1138). D'un autre côté, l'obligation de donner consistant à délivrer la chose et à la conserver jusqu'à la livraison, sous peine de dommages-intérêts envers le créancier, il en résulte que si avant la livraison le corps certain et déterminé qui était l'objet de l'obligation vient à périr, se perd sans la faute du débiteur, ou bien est mis hors du commerce et avant qu'il ait été mis en demeure, l'obligation est éteinte.

Ce principe ne s'applique pas aux obligations dont l'objet consiste en choses indéterminées ou déterminées, seulement quant à leur espèce (in genere), parce que, ce qui n'est point déterminé ne s'éteint point, genus nùncquam, perit. Toutefois si la chose indéterminée par l'obligation était devenue déterminée par l'offre suivie de la consignation que le débiteur en aurait faite, la perte serait pour le créancier et l'obligation éteinte; il en serait de même s'il s'agissait d'une chose indéterminée parmi d'autres déterminées, si toutes venaient à périr comme dans les obligations alternatives, le débiteur est libéré, si les choses comprises dans l'alternative, périssent toutes les deux sans sa faute (1193). Cependant il faudrait examiner, si les termes de l'obligation sont limitatifs ou seulement démonstratif. Dans le doute il faudrait décider que les termes de l'obligation ne sont que démonstratifs et non limitatifs.

Le débiteur qui se prétend libéré par la perte de la chose, est tenu de prouver le cas fortuit qu'il allégue (1303), car il devient demandeur par son exception; s'il s'était chargé des cas fortuits, il ne serait pas libéré par la perte du corps certain et déterminé qui était l'obligation (1302).

Si le débiteur est en faute ou en demeure, l'obligation n'est pas éteinte. Ce n'est plus la chose même qui en est l'objet, mais le prix de cette chose.

Il faut néanmoins, lorsque le débiteur est en demeure, excepter le cas où la chose fût également périe chez le créancier, si elle lui eût été livrée. 1302.

En effet, malgré le défaut de livraison, le créancier n'en est pas moins propriétaire; si le débiteur est responsable de la perte, c'est à titre de dommages intérêts; mais on ne peut plus lui imputer la perte ni le condamner aux dommages intérêts qui seraient la suite de cette faute, lorsque ne s'étant pas chargé des cas fortuits, il prouve que la chose fût périe si elle eut été livrée au créancier.

Le fait, la faute, la mise en demeure d'un débiteur solidaire, empêchent la libératiou de tous les coobligés.

La perte de la chose ou sa mise hors du commerce exercent, suivant les cas, une influence différente sur l'effet des obligations alternatives.

Si la cause de la dette est un vol, le voleur ne peut proposer contre la demande de restitutiou aucune exception, pas même celle de la perte sans sa faute. 1302.

Le débiteur dégagé de toute responsabilité est tenu de remettre au créancier ce qui reste du corps certain et déterminé qui faisait l'objet de l'obligation.

Quant à la cession de droits ou d'actions en indemnité relatifs à l'objet perdu, dont parle l'article 1303, cette disposition recevra rarement son application, parce que le créancier pourra exercer en son nom, comme propriétaire, les actions que la perte de cet objet a fait naître, sans le secours du débiteur; celui-ci n'ayant plus aucun droit de propriété sur la chose à partir du contrat.

QUESTIONS.

I. Le débiteur qui a payé un prix stipulé en dehors du contrat apparent de la vente d'un office, peut-il exiger que l'imputation soit faite sur le prix porté au contrat apparent ? — Non.

II. Le tiers non subrogé, qui a acquitté la dette, a-t-il *toujours* l'action Neg. Gest. contre le débiteur ? — Non.

III. Celui qui paie pour un tiers une dette commerciale sans s'être fait subroger aux droits du créancier, jouit-il des prérogatives attachées à la qualité de la dette ?

IV. Celui qui a payé pour un tiers, sans mandat, peut-il, quand il exerce son action en remboursement contre le débiteur qu'il a libéré, réclamer les intérêts à partir du paiement ? — Non.

V. Les juges peuvent-ils accorder délais nonobstant la convention ? — Oui.

VI. Les juges peuvent-ils accorder plusieurs délais au débiteur? — Oui.

VII. La subrogation légale au profit de l'acquéreur d'un immeuble s'étend-elle aux autres immeubles, sur lesquels le même créancier avait hypothèque? — Oui.

VIII. L'article 1848 fait-il exception aux articles 1253 et 1256 ? — Oui.

IX. La libération du débiteur, qui fait offres réelles, date-t-elle du jour des offres ? — Non, du jour de la consignation.

X. Les intérêts conventionnels cessent-ils de courir à partir des offres réelles, ou à partir de la consignation ? — A partir de la consignation.

XI. Les offres réelles sont-elles régulières , lorsqu'elles comprennent plus que la dette? — Oui.